LES

FORCES MILITAIRES

DU JAPON

PARIS

Henri CHARLES-LAVAUZELLE

Éditeur militaire

118, Boulevard Saint-Germain, Rue Danton, 10

(MÊME MAISON A LIMOGES)

LES

FORCES MILITAIRES

DU JAPON

LES

FORCES MILITAIRES

DU JAPON

PARIS

Henri CHARLES-LAVAUZELLE

Éditeur militaire

118, Boulevard Saint-Germain. Rue Danton, 10

——

(MÊME MAISON A LIMOGES)

LES

FORCES MILITAIRES

DU JAPON

Il est intéressant, en raison de la situation actuelle en extrême Orient, de dire, en quelques mots, en quoi consistent les forces militaires que le Japon pourrait mettre en jeu, c'est-à-dire son armée et sa flotte, toutes deux capables, malgré leur jeunesse, de jouer un rôle important sur ce théâtre de guerre.

LA FLOTTE JAPONAISE

La valeur d'une flotte est faite d'abord de celle des hommes qui la conduisent, puis de celle des bâtiments qui la composent.

L'histoire ne permet pas de juger de la valeur morale des marins japonais, car dans la guerre contre la Chine ils n'ont eu affaire qu'à des adversaires insuffisamment préparés et pourvus d'un matériel inférieur au point de vue de la vitesse des bâtiments et de l'artillerie à tir rapide. On ne peut nier toutefois que les marins japonais et leurs officiers ont courageusement supporté les rigueurs d'une campagne d'hiver très pénible.

Les officiers.

Les officiers sortent du « Collège naval impérial » qui se trouve près de Kouré, dans l'île Etadjima. Les promotions annuelles sont d'une trentaine d'officiers, mais des dispositions sont prises pour les porter à une centaine. Les mécaniciens sortent d'une école spéciale qui se trouve à Iokoska et dont les cours durent quatre ans ; cette école fournit environ trente mécaniciens par an. A Tokio, se trouvent une académie navale, une école d'artillerie et une école des torpilles pour l'enseignement supérieur. De plus, beaucoup d'officiers, de mécaniciens, d'ingénieurs et même de matelots se sont instruits ou s'instruisent encore à l'étranger.

La flotte japonaise compte en tout 1.200 officiers dont :

      680 officiers de vaisseau.

      160 mécaniciens.

Tous les officiers de ces deux catégories sont embarqués et une escadre composée des cinq ou six meilleurs bâtiments tient la mer toute l'année. La flotte a exécuté l'an dernier des manœuvres à double action qui ont donné des résultats satisfaisants.

Les hommes.

Les cadres inférieurs et les hommes sont recrutés parmi les pêcheurs et les matelots du commerce. La discipline est très stricte dans la marine militaire; on ne pourrait en dire autant de la marine marchande où se produisent de fréquents désordres.

L'effectif est de :

    2.500 sous-officiers ;

    10.700 matelots.

    13.200 hommes.

Etablissements maritimes.

Le Japon possède trois grands ports militaires :

1º *Iokoska*, le principal, se trouve dans le golfe de Tokio ; il a été construit par des ingénieurs français et est très bien installé.

Il contient trois grands docks, deux chantiers pour la construction des grands vaisseaux et plusieurs petits pour celle des torpilleurs. Le Japon a consacré de grosses sommes à cet arsenal qui est capable de construire les plus grands cuirassés.

2º *Kouré* a été construit de 1886 à 1895 ; on y travaille encore. A cet arsenal est jointe une fonderie de canons où le Japon fabrique une partie de son artillerie à tir rapide.

3º *Sacébo* est le principal dépôt de matériel de la flotte japonaise.

En outre, un port secondaire a été établi à *Takésiki* dans l'île Tsousima pour servir de base contre la Corée, et un autre est en construction à *Maïsourou*, face à Vladivostok. Enfin, il est question de créer un autre port à Aomori dans l'île de Nippon.

Tous ces points sont sérieusement fortifiés ainsi que l'entrée du golfe de Tokio et Simonosaki. On construit des batteries à Nagasaki et à Hakodate.

Bâtiments de guerre existants.

La flotte japonaise compte :

Bâtiments de types récents :
(Construits depuis 1885.)

3 cuirassés d'escadro	1 de 12.600 tonnes,
	1 de 12.300 —
	1 de 7.300 —

1 frégate cuirassée,
1 croiseur cuirassé,
12 croiseurs à pont cuirassé,
2 croiseurs sans pont cuirassé,
1 croiseur torpilleur.

Bâtiments anciens

2 corvettes cuirassées,
1 corvette en bois,
6 sloops,
14 canonnières.

Les bâtiments de type récent ont un tonnage total de 82.000 tonnes et portent 480 pièces dont 430 à tir rapide. Leur vitesse est de 16 à 22 1/2 nœuds. Ils ont été remis à hauteur et réfectionnés en 1896.

Les torpilleurs comprennent :

2 contre-torpilleurs de plus de 100 tonnes,
4 torpilleurs de 80 tonnes,
18 — de 53 à 65 tonnes,
45 — de 40 tonnes.

Les bâtiments anciens ne seraient employés qu'à la défense des côtes. Leur vitesse ne dépasse pas 12 nœuds; leur tonnage total est de 22.300 tonnes.

Bâtiments en construction.

Un programme de constructions neuves a été arrêté en 1895 et réparti sur dix années. Il comporte 119 bâtiments représentant un tonnage total de 156.000 tonnes et une dépense de plus de 500.000.000 de francs. 47 de ces bâtiments sont déjà en construction à l'étranger et 12 en construction au Japon.

Flotte de transport.

Le Japon ne peut se passer d'une flotte de transport considérable qui lui permette : soit d'opérer un débarquement sur le continent comme dans la dernière guerre sinojaponaise ; soit, s'il est menacé lui-même d'une descente, de concentrer rapidement sur le point voulu les troupes qui se trouveraient dans les autres îles. La flotte commerciale du Japon suffit à faire face à ces besoins : elle s'accroît très rapidement.

Son tonnage total était de :

170.000 tonnes en 1894
320.000 — 1896
400.000 — 1898

L'État paie deux sortes de primes aux armateurs :

A) Une prime de navigation à tout possesseur de vapeurs japonais jaugeant plus de 1 000 tonnes et ayant 10 nœuds au moins de vitesse pour tout voyage atteignant 1.000 milles. La prime croît avec la longueur du voyage mais surtout avec le tonnage et la vitesse du bâtiment.

Les chiffres suivant donneront une idée de la valeur de ces primes :

TONNAGE.	VITESSE.	LONGUEUR du VOYAGE.	MONTANT de LA PRIME.
Tonnes.	Nœuds.	Milles.	Francs.
1.000	10	10 000	6.700
6.000	15	10.000	160.000

B) Une prime de construction pour tout vapeur de plus de 700 tonnes construit au Japon.

La prime par tonne est d'environ :

PRIME PAR TONNE.	TONNAGE DU BATIMENT.
30 francs par tonne au delà de 700	de 700 à 1.000 tonnes.
50 —	au delà de 1.000 tonnes.

La compagnie privée de navigation la plus importante est la *Nippon Iocène Kaïcha* qui est subventionnée par l'Etat et envoie ses paquebots jusqu'en Amérique et en Europe. Elle seule a suffi à exécuter tous les transports dans la guerre sino-japonaise (plus de 75.000 hommes en tout, mais en plusieurs fois). Elle a en ce moment 18 nouveaux vapeurs en construction et comptera quand ils seront terminés.

80 navires dont 50 de plus de 2.000 tonnes.

La compagnie la plus puissante après la précédente est l'*Osaka Chocène Kaïcha*.

Le Japon possède donc une flotte marchande plus puissante aujourd'hui qu'il y a quatre ans. Reste à savoir si dans une guerre ultérieure il aurait la bonne fortune d'être le maître absolu de la mer comme il l'a été après la destruction de la flotte chinoise. Un transport de troupes par mer en présence de l'ennemi est toujours une opération assez scabreuse.

L'ARMÉE JAPONAISE

L'armée de terre se compose :

1° *De l'armée permanente et de sa réserve;* les jeunes gens aptes au service qui n'y sont pas incorporés, sont versés dans la *réserve de recrutement.* Le nombre des jeunes gens atteignant 20 ans était, en 1892, de 340.000, dont :

  21.000 furent incorporés ;

140.000 furent versés dans la réserve du recrutement;

  14.000 reçurent des sursis ;

175.000 furent dispensés à divers titres.

340.000

Le service dure 3 ans dans l'armée active et 4 ans et 4 mois dans la réserve de l'armée active. Les jeunes gens versés dans la réserve de recrutement y comptent 7 ans et 4 mois ;

2° *De l'armée territoriale* où les hommes ayant appartenu à l'armée permanente ou à la réserve de recrutement comptent pendant 5 ans ; cette armée est destinée à la défense de l'empire après le départ de l'armée permanente ou au renforcement de cette dernière ;

3° *De la milice nationale* comprenant tous les hommes valides de 17 à 40 ans non compris dans les catégories précédentes ;

4° *De milices permanentes locales* dans une partie de l'île de Iezzo et dans celle de Tsousima, qui ont pour but de permettre à ces îles de se défendre avec leurs propres ressources contre un débarquement peu important.

Armée permanente. Organisation des grandes unités.

Au 1ᵉʳ janvier 1896, l'armée permanente comprenait :

      1 division de la garde,

      7 division d'infanterie (1),

comprenant des troupes de toutes armes.

En outre, 3 régiments d'artillerie de forteresse formant en tout 13 compagnies, tenaient garnison sur les points fortifiés des côtes.

L'armée subit en ce moment une transformation importante qui sera terminée en 1899 et qui lui donnera onze divisions d'infanterie plus une de la garde, ayant toutes la même composition :

      4 régiments d'infanterie à 3 bataillons ;

      1 régiment de cavalerie à 5 escadrons ;

---

(1) La 7ᵉ division formée dans l'île de Iezzo avec une partie des anciennes milices locales.

1 régiment d'artillerie à $\begin{cases} 6 \text{ batteries de campagne,} \\ 3 \quad - \quad \text{de montagne;} \end{cases}$

1 bataillon du génie à 4 compagnies ;
et les troupes auxiliaires correspondantes.

Il est question de créer à Formose une division coloniale spéciale.

En cas de guerre, les divisions sont réunies par deux ou trois en *armées* (1) (corps d'armée). Ces armées sont surbordonnées au *quartier général impérial*. On organise pour chaque armée un service des étapes avec les troupes auxiliaires nécessaires (convois, parc d'artillerie, du génie, sanitaire, télégraphique, détachements du train...)

Division du territoire au point de vue militaire. — Recrutement.

Chaque division permanente correspond à un territoire donné, que son chef administre au point de vue militaire. Ce territoire est partagé en deux subdivisions correspondant aux deux brigades d'infanterie.

Le recrutement est régional, sauf pour la garde qui se recrute sur tout le territoire de l'empire.

Troupes de réserve et territoriales.

Lors de la guerre sino japonaise, chaque division a formé les unités de réserve suivantes :

4 bataillons d'infanterie ;
1 escadron ;
1 batterie ;
1 compagnie du génie.

---

(1) Les *armées* japonaises de la dernière guerre n'étaient que des corps d'armée.

Les divisions territoriales alors au nombre de six, n'ont pu être constituées faute de cadres et de matériel et ont mis chacune sur pied seulement :

6 bataillons d'infanterie ;
1 escadron de cavalerie ;
2 compagnies du génie.

On manque de données pour apprécier ce que donneraient ces troupes l'année prochaine après l'organisation des onze divisions d'infanterie.

Effectif.

Avec l'organisation à sept divisions, l'effectif de paix était de 70.000 hommes et l'effectif de guerre de 180.000 hommes environ, en y comprenant les troupes de réserve et territoriales. Quand la réorganisation sera terminée, l'effectif total de guerre atteindra 300.000 hommes.

Officiers.

Les officiers proviennent soit de l'*Ecole militaire préparatoire* d'où les candidats officiers sortent après trois ans de cours, soit des volontaires d'un an.

Les premiers, après six mois de régiment, les seconds après un an, peuvent entrer à l'*Ecole militaire* où ils suivent des cours qui durent dix-huit mois ; ils sont alors nommés sous-lieutenants.

Les officiers des armes spéciales vont se perfectionner comme sous-lieutenants ou lieutenants dans une *Ecole d'application.*

Une *Ecole supérieure de guerre* prépare les officiers au service d'état-major. Les officiers pour y entrer doivent avoir servi au moins 2 ans dans la troupe. Les cours y durent 3 ans.

Des écoles spéciales préparent les personnels administratif, sanitaire et vétérinaire.

Armement.

Le fusil est une arme à répétition du calibre de 7^{mm},5, donnant une vitesse initiale de 610 mètres. Toutefois, une partie des troupes a encore le fusil Mourata de 11^{mm}.

L'artillerie de campagne est armée de canons en bronze de 75^{mm} donnant une vitesse initiale de 422 mètres. Les pièces de montagne sont du même calibre et du même système; la vitesse est de 250 mètres seulement. Ces canons sont fabriqués à la fonderie d'Osaka. Les batteries territoriales seraient armées de canons de 4, système de Reffye.

Qualités des troupes.

Les troupes japonaises ont un aspect aussi correct que les armées européennes. Dans la guerre de Chine, elles se sont montrées braves, mais ceux qui sont à même de les connaître, les croient très nerveuses et se demandent si elles auraient une solidité morale suffisante pour supporter une guerre malheureuse. Elles se fatiguent vite et, lors de la dernière guerre, elles sont été suivies d'une foule de coolies chinois qui portaient les vivres et *même les armes* des soldats japonais, faisaient la cuisine et remplissaient toutes les corvées. Pendant les grandes manœuvres, l'infanterie japonaise montre beaucoup d'élan mais se fatigue vite et il est nécessaire de lui donner des repos fréquents.

Les chevaux, pour toutes les armes, sont de médiocre qualité et le gouvernement japonais a beaucoup de peine à se les procurer. Pour encourager l'élevage, tous les fonctionnaires qui touchent des appointements élevés, sont tenus de posséder selon leur rang un ou deux chevaux de selle.

Le corps d'officiers compte dans ses rangs un certain

nombre de membres qui ont tiré bon parti de leur séjour dans les écoles militaires européennes dont l'accès leur a longtemps été ouvert largement. Ces officiers donnent une utile et excellente impulsion à l'armée japonaise où ils tiennent une place importante et leurs camarades ont acquis à leur contact une honorable instruction militaire. Il ne faut pas pourtant se hâter de conclure que l'armée japonaise soit parfaite et n'ait pas encore de grands progrès à réaliser. Les officiers japonais sont de bons élèves qui ont conscience d'avoir bien travaillé, mais les méthodes de guerre de notre époque ne leur sont pas encore entrées dans la chair et dans le sang, comme disent les Allemands, et il ne faut pas oublier que leurs seuls adversaires ont été des Chinois mal commandés et sans organisation.

Chemins de fer.

Nous avons montré précédemment que la flotte japonaise jouera un rôle considérable dans les concentrations des troupes, mais il faut aussi à ce point de vue tenir compte des chemins de fer.

Une ligne ferrée, coupée, bien entendu, par les détroits qui séparent les différentes îles de l'archipel du soleil levant, s'étend du nord au sud de l'empire. Partant de la ville d'Aomari au nord de l'île Nippon, elle traverse cette île pour aboutir à Simonosaki ; dans l'île de Kiou-Sou, elle se continue de Modzi, en face de Simonosaki, à Nagazaki et Mitsousima. Dans l'île de Nippon, des embranchements se détachent de la ligne principale pour aboutir aux principaux ports ; d'autres sont en construction.

Actuellement le Japon possède :

3.680 kilomètres de chemins de fer en exploitation,
2.000   —   —   en construction ;
500 locomotives ;

1.900 wagons à voyageurs ;
7.400   —   à marchandises.

L'existence de ces voies ferrées et leur emploi combiné à l'utilisation de la flotte, permettraient au Japon de concentrer rapidement ses forces, dans le cas d'une guerre défensive, sur un point quelconque des îles de Nippon, Sikok ou Kiou-Sou, les plus riches et les plus importantes de l'empire.

CONCLUSION

L'impression qui se dégage des notes précédentes est la suivante.

Par le patriotisme de son gouvernement et de son peuple, patriotisme servi par un groupe d'hommes d'État et de militaires intelligents et éclairés, le Japon a su, en trente ans, se créer une marine et une armée respectables. Sa flotte pèserait d'un grand poids dans les conflits qui pourraient se produire en extrême Orient entre des puissances européennes, et son armée atteint un effectif tel qu'aucune de ces dernières ne pourrait actuellement songer à une action offensive contre le territoire japonais.

Le Japon peut mettre au service de ceux des belligérants auxquels il s'alliera, un corps de débarquement qui atteindra facilement de 60 à 70.000 hommes, et possède des bâtiments à vapeur suffisants pour en assurer le transport.

Un débarquement en Corée serait d'autant plus facile qu'il n'existe pas dans cette région de télégraphe côtier et qu'on ne l'apprendrait à Séoul que par l'arrivée des premières troupes japonaises.

La Russie n'est pas en mesure actuellement de s'y opposer. Par contre, une descente japonaise dirigée contre Vladivostok n'aurait aucune chance de succès. En effet, les fortifications de ce port sont sérieuses, et dès mainte nant, la Russie possède dans la Province Maritime des effectifs suffisants pour faire échouer une pareille tentative. L'achèvement du Transsibérien, l'augmentation de la flotte russe qui résultera de l'emploi du crédit de 250.000.000 récemment ouvert à cet effet, le renforcement des troupes de la circonscription militaire de l'Amour, qui est mené très vivement, amélioreront dans des proportions considérables la situation militaire de nos alliés en Extrême Orient. Mais ils ne pourront songer à une offensive contre le Japon ou même à une action vigoureuse en Corée contre une armée d'invasion japonaise que le jour où Port-Arthur sera réuni par une voie ferrée au chemin de fer transsibérien à travers la Mandchourie.

Paris et Limoges. — Imprimerie militaire Henri Charles-Lavauzelle

Librairie militaire Henri CHARLES-LAVAUZELLE
Paris et Limoges.

Règlement du 12 février 1887 sur le tir de l'infanterie allemande, avec figures et 1 planche. — Vol. in-32 de 190 pages, relié toile.... 2 50

Traduction française du règlement sur les manœuvres de la cavalerie allemande, du 16 septembre 1895. — Volume in-18 de 232 pages, avec croquis et sonneries réglementaires .... 2 »

Règlement sur le tir du canon de l'artillerie à pied de l'armée allemande, traduit par P. Valério, capit. d'artill. — Br. in-8º de 40 p. 1 »

Etude sur le réseau ferré allemand au point de vue de la concentration. Ouvrage accompagné d'une carte des chemins de fer allemands (2ᵉ édition). — Brochure in 8º de 32 pages...................... » 75

Aide-mémoire de l'officier français en Allemagne, par P. de Pardiellan, avec 4 gravures hors texte représentant les uniformes de l'armée allemande, et des feuillets blancs pour notes. — Vol. in-32 de 160 p., rel. 2 50

L'armée allemande telle qu'elle est, par P. de Pardiellan. — Volume in-18 de 268 pages, couverture en chromo-lithographie.............. 3 50

Les mœurs politiques des Allemands, par P. de Pardiellan. — Volume in-18 de 224 pages................................. 3 50

L'administration militaire austro-hongroise, son organisation et son fonctionnement en temps de paix et en temps de guerre. par L. Dupain, sous-intendant militaire de 2ᵉ classe. — Volume in-8º de 368 pages, avec croquis et tableaux.................... 7 »

Campagne de 1866. — **Sadowa.** Etude de la bataille au point de vue de l'emploi de la cavalerie. — Brochure in-8º de 96 pages............. 2 »

L'armée italienne en 1895, par A. Perrier, député de la Savoie. — Brochure in-18 de 64 pages................. 1 »

L'administration militaire italienne, son organisation et son fonctionnement en temps de paix et en temps de guerre, par L. Dupain, sous-intendant militaire de 2ᵉ classe. — Volume in-8º de 280 pages 3 50

Traduction française du règlement du 16 septembre 1896 sur le service en campagne de l'armée italienne. — Volume in-18 de 164 pages, avec figures et 1 planche en couleur des fanions............. 2 »

Traduction française du règlement sur les exercices de la cavalerie italienne du 16 janvier 1896. — Vol. in-18 de 156 p. avec 23 croq... 1 50

Règlement du 23 novembre 1888 sur le tir de l'infanterie italienne, traduit par le lieutenant Jaguin, du 137ᵉ d'infanterie. — Volume in-32 de 160 pages, relié toile................................. 2 50

Instruction pour les formations de guerre, l'équipement et la mobilisation de l'armée italienne, traduction française par le commandant Soulié, du 40ᵉ régiment d'infanterie. — Vol. grand in-8º de 708 p. 16 »

Règles générales pour l'emploi des trois armes dans le combat, traduction française par le commandant Soulié, du 40ᵉ d'infanterie, avec 3 planches et un graphique en trois couleurs indiquant un exemple du développement normal d'une attaque exécutée par des troupes encadrées contre des troupes également encadrées. — Brochure in-8º de 72 p. 2 »

Instruction pour les convois alpins dans l'armée italienne, traduction française par le commandant Soulié, du 40ᵉ d'infanterie. — Brochure in-8º................. 2 »

Études critiques sur la guerre entre l'Italie et l'Abyssinie, par le général Luzeux. — Brochure in-8º de 72 pages, avec 2 cartes...... 1 50

Rapport du général Lamberti, vice-gouverneur de l'Erythrée, sur la bataille d'Adoua (1ᵉʳ mars 1896). — Brochure in-8º de 64 pages avec 5 cartes dans le texte.................... 1 50

Rapport du lieutenant-général Baldissera, gouverneur de l'Erythrée, sur les opérations militaires de la campagne d'Afrique (seconde période, 1895-1896). — Vol. in-8º de 196 p., avec 6 cartes en couleurs. 4 »

Les Italiens en Erythrée. Quinze ans de politique coloniale, par C. de la Jonquière, capitaine d'artillerie breveté. — Volume in-8º de 352 pages, avec 10 cartes....................................... 5 »

Librairie militaire Henri CHARLES-LAVAUZELLE
Paris et Limoges.

Armées étrangères contemporaines (Europe, Asie, Afrique, Amérique, Océanie), par A. Garçon. — 2 vol. in-32, brochés. 1 » : reliés toile. 1 50

Des cadres des armées étrangères, de Frédéric II à l'époque actuelle, conférence du général Leer à l'académie de Saint-Pétersbourg, analysée et commentée par le général Philebert. — Brochure in-18. » 75

Equitation et instruction équestre des cavaleries européennes, par Naej. — Volume in-8° de 184 pages.................... 3 »

Etude sur l'organisation du personnel administratif de quelques armées étrangères (Espagne, Grande-Bretagne, Etats-Unis), par Audibert, adjoint à l'intendance militaire. — Br. in-8° de 48 pages...... 1 »

Graines d'officiers, scènes de la vie dans les Ecoles militaires en France, en Russie, en Allemagne et en Autriche, par P. de Pardiellan. Nombreuses illustrations par Josué Delonde. — Vol. in-18 de 238 pages, sous couverture illustrée et en couleurs..................... 3 50

Précis de quelques campagnes contemporaines, par le commandant E. Bujac, chef de bataillon breveté au 144e d'infanterie. — **Dans les Balkans.** Ouvrage accompagné de 19 cartes et plans du théâtre des opérations. — Volume in-8° de 336 pages..................... 5 »

L'armée russe, par E. Bujac, chef de bataillon breveté au 144e d'infanterie. — Vol. in-8° de 428 pages, avec 50 croquis.................. 6 »

Etude sur l'armée et la marine russes. — Br. in-8° de 30 pages... » 75

Instruction sur le service en campagne des armées russes. — Volume in-8° de 123 pages avec 6 croquis............................ 2 50

Instruction sur le combat de l'infanterie russe, annexée au règlement sur les manœuvres de l'infanterie, précédée d'un exposé sommaire des formations tactiques de l'infanterie russe en campagne. — Br. in-8° de 52 pages, avec 3 planches................................ 1 »

Règlement de 1884 pour les détachements à pied de cavalerie et de cosaques, rectifié conformément aux ordonnances du ministère de la guerre des 12 mai 1885 et 8 décembre 1889. — Brochure in-8° de 76 pages, avec 5 figures................................ 1 50

La vie militaire en Russie, par P. de Pardiellan. — Vol. in-18 de 316 pages, orné de nombreuses illustrations en couleurs; couverture illustrée et en couleurs................................ 3 50

Les chefs dans l'armée allemande, par P. de Pardiellan. — Brochure in-8° de 56 pages..................... 1 25

L'armée allemande, son histoire, son organisation actuelle, par le lieutenant-colonel A. Heumann, ✳, O. I. ⚜, ex-directeur des études à l'Ecole spéciale militaire de Saint-Cyr (6e édition, entièrement refondue). — Vol. in-8° de 204 pages.................... 3 »

La marine et les colonies de l'Allemagne, par le lieutenant-colonel A. Heumann, ✳, O. I. ⚜, ex-directeur des études à l'Ecole spéciale militaire de Saint-Cyr. — 2 vol. in-32 de 124 et 120 pages, avec 8 croquis, brochés 1 » : reliés toile................ 1 50

Etude sommaire des modifications apportées dans l'armée allemande et des expériences tentées par cette armée dans le cours de l'année 1894, par le capitaine Pernot, du 10e bataillon de chasseurs. — Brochure in-8° de 72 pages, 6 croquis................ 1 50

Histoire sommaire de l'infanterie prussienne, par Elie Mourin, capitaine au 16e bataillon de chasseurs à pied. — Br. in-8° de 60 pages. 1 25

Règlement du 20 juillet 1894 sur le service des armées allemandes en campagne (2e édition). — Vol. in-32 de 236 pages, relié toile... 2 50

Règlement du 1er septembre 1888 sur les manœuvres de l'infanterie allemande (2e édition, 1897). — Vol. in-32 de 166 p., relié toile..... 2 »

Le catalogue général de la Librairie militaire est envoyé gratuitement à toute personne qui en fait la demande à l'éditeur Henri CHARLES-LAVAUZELLE.